CATALOGUE

D'une Collection

DE TABLEAUX,

DES TROIS ÉCOLES,

Dont la vente aura lieu le Mardi 22 Décembre 1835,
à midi et à six heures du soir,

HOTEL DES VENTES MOBILIÈRES, SALLE N° 2,
place de la Bourse.

EXPOSITION PUBLIQUE

Le Dimanche 20, de midi à quatre heures.

LA PRÉSENTE NOTICE SE DISTRIBUE :

Chez MM. BONNEFONS DE LAVIALLE et TOURNAIRE, Commissaires-Priseurs, rue de Choiseul, 11.

Chez M. HENRY, Expert des Musées Royaux, rue Montmartre, 128.

Et chez M. GEORGES, rue de Condé, 21.

1835.

Les adjudicataires paieront 5 c. par franc au-dessus des enchères
applicables aux frais.

PARIS. Imprimerie de J.-A. Boudon, rue Montmartre, 131.

CATALOGUE

D'UNE COLLECTION

DE TABLEAUX

DES TROIS ÉCOLES.

———

Écoles d'Italie et d'Espagne.

——

BASSAN (Jacques).

1 L'annonce aux bergers. Une belle couleur recommande toujours les ouvrages du Bassan ; celui-ci en est une preuve.

CANO (Alonzo).

2 Un Saint-François. Le pieux ermite a les yeux tournés vers le ciel, les mains posées sur la croix, il implore la clémence divine. Près de lui est une tête de mort placée sur une table de pierre. Ce morceau est d'un beau caractère et plein d'expression.

CIGNANI (genre de Carlo).

3 Madeleine pénitente ; elle a les yeux tournés vers le ciel et les mains jointes appuyées sur une tête de mort.

CONCA (genre de Sébastien).

4 L'adoration des rois, et Jésus parmi les docteurs. Deux tableaux faisant pendant.

GUIDE (d'après le).

5 La Vierge travaillant à un coussin est entourée de quatre anges dont un va lui poser une couronne de fleurs sur la tête.

MILLÉ (Francisque).

6 Sur le devant d'un paysage richement composé, on voit Vénus et l'amour précédés de trois nymphes qui jouent de divers instrumens.

PAR LE MÊME.

7 Deux petits paysages ornés de fabriques. Ils sont de forme ronde.

PADOUAN.

8 Jupiter ayant pris la forme d'un satyre admire Antiope endormie et écarte une draperie pour mieux jouir de ses charmes. L'amour planant dans les airs porte ses regards sur la fille de Nyctée et tire une flèche de son carquois.

PHILIPPE NAPOLITAIN.

9 Attaque d'un camp, et passage d'une rivière par un corps de cavalerie. Deux tableaux en pendans.

PROCACCINI (genre de).

10 L'ange du seigneur arrête le bras d'Abraham prêt à immoler son fils.

ROSA, DE TIVOLI,

11 Trois chèvres, une brebis et deux chiens réunis
sur le devant d'un paysage. La couleur brillante, l'exécution franche et hardie de cet ouvrage en font une des meilleures produc-
tions de ce maître.

VASQUEZ – SPAGNOLO.

12 Jésus placé entre la Vierge, Saint-Joseph et
deux autres saints personnages, est frappé
des rayons du saint-esprit qui apparaît au-
dessous de l'éternel porté sur des nuages.

Écoles flamande et hollandaise.

ABSHOVEN.

13 Des Démons sous toutes sortes de formes cherchent à séduire saint Antoine qui s'est reti-
ré dans une grotte, mais rien ne dérange le
saint homme de ses pieuses méditations.

ASSELYN.

14 Paysage baigné par une rivière où se reflètent les
derniers rayons du soleil. Asselyn, dans cet
ouvrage, semble s'être inspiré du Claude
Lorrain.

BEGYN (Abraham).

15 Un homme à cheval chasse devant lui un trou-

peau de gros bétail; il est précédé par une femme qui va traverser un gué.

BERNARD (Théodore).

16 La prédication de saint Jean. La scène se passe au milieu d'une épaisse forêt, où les Juifs se pressent en foule autour du précurseur et prêtent une oreille attentive à ses instructions.

Il est étonnant que Descamps n'ait pas parlé de ce peintre dont plusieurs tableaux ont été gravés par Jean Sadeler. Théodore Bernard, peintre hollandais, vivait dans le seizième siècle.

BOTH (André).

17 Distribution d'aumônes à la porte d'un couvent.

BRAUWER (Genre de).

18 Cinq buveurs grivois font entendre des sons à fendre les oreilles, un sixième les accompagne, mais il s'en est écarté pour s'emparer d'une tasse et d'un pot à bière.

CARRÉ (Michel).

19 Des paysans, cherchant à se soustraire aux dangers de la guerre, sont attaqués et égorgés par des soldats qui emmènent leurs troupeaux. Dans l'éloignement on aperçoit l'incendie d'un village et les habitans qui prennent la fuite.

CRAESBECKE.

20 Joueur de flûte représenté à mi-corps la tête
entourée d'un mouchoir et de feuilles de
pampre.

CRAESBECKE (D'après).

21 Des paysans assis autour d'une table servie d'un
jambon, bière et pain, prennent gaiment
leur repas du soir.

DELAHAYE.

22 Un cavalier assis devant un cahier de musique,
converse avec une dame qui tient un livre.
Derrière eux, un nègre debout ayant son
chapeau à la main.

DOES (Simon Vander).

23 Une femme couchée sur une pelouse cause avec
un jeune pâtre qui garde deux belles brebis et
une chèvre.

DOW (D'après Gérard).

24 Une vieille femme à sa croisée, vue jusqu'à mi-
corps ; bonne et ancienne copie.

GRIFF.

25 Un agneau suspendu par les pieds, un coq de
bruyère, des grives, perdrix et autres pièces
de menu gibier, composent ce tableau rendu
avec une grande vérité.

GYSEN (Pierre).

26 Deux vues de Flandre : l'une offre le point de

vue d'un village et de ses alentours pendant
la saison d'hiver; l'autre, une belle campagne boisée et une riche végétation. Ces
deux tableaux, peints dans le goût de Breug-
gel, sont ornés d'une multitude de figures
très heureusement distribuées.

HEIL (Van).

27 Vue prise en dehors d'une ville pendant la nuit,
et au moment d'un incendie.

HEUSCH (Genre de Guillaume de).

28 Paysage montagneux avec plusieurs bouquets
d'arbres et un pont sous lequel de l'eau tombe
en cascade.

HUYSMANS (de Malines).

29 Deux paysages avec terrains éboulés et quelques
figures sur le premier plan.

MEERHOUT (F.).

30 Paysage divisé par une rivière qui baigne une
partie du premier plan. A droite, au-delà du
rivage, s'élèvent de grands arbres qui mas-
quent un village dont on aperçoit le clocher
et quelques maisons.

MICHAU (Théobald).

31 Paysage divisé par un fleuve dont les rives sont
meublées de montagnes, garnies de villages
et animées d'une quantité de figures.

MOLENAERT.

32 Réunion des paysans hollandais dans l'intérieur

d'une salle basse; plusieurs sont autour d'une table occupés à boire ou à fumer. L'un d'eux rit de bon cœur d'un petit garçon qui frappe un cochon à coups redoublés. Quantité d'accessoires et d'ustensiles de ménage contribuent à orner cette composition.

NEEFS (Peeter le fils).

33 Vue intérieure d'une église, éclairée de jour et enrichie d'une infinité de figures distribuées avec art pour animer les différentes parties d't monument.

NETSCHER (D'après Gaspar).

34 La leçon de chant. Copie d'après un tableau du musée.

OSTADE (Isaac).

35 Deux paysans hollandais accompagnent de leurs chants un joueur de musette; peu sensible au son de l'instrument, un autre villageois s'endort sur un tonneau. Dans le fond de la chambre on voit encore trois personnes, une debout et deux assises près d'une table. Petit morceau d'une grande finesse d'exécution.

OTTO-MARCELLIS.

36 Des fleurs de différentes espèces, telles que tulipes, roses, œillets, etc., sont groupées dans un vase de cristal posé sur une table de marbre.

PEETERS (Signé J.-B.)

37 Un palais d'une riche architecture occupe toute

la gauche du tableau ; à droite, des jardins et
un parc décorés de plusieurs pavillons. Le
premier plan est orné de figures peintes par
Bisette.

ROOS (Henry).

38 Un villageois conduisant son troupeau près d'une
rivière, s'entretient avec une jeune fille qui
savonne du linge, sur une pierre élevée à
hauteur d'appui.

RYCKAERT (David).

39 Deux tableaux ; l'un représente un chirurgien
de village dans l'exercice de son art ; l'autre
une femme qui fume et tient une cruche à la
main.

SNEYDERS (François).

40 Deux chiens se battent avec acharnement pour
un os de gigot.

TÉNIERS (David).

41 Voyageur se reposant sous des rochers percés
en formes de grotte. Ce paysage, composé
dans la manière de Monper, est d'une couleur
brillante, d'une touche légère et spirituelle,
comme sont tous les ouvrages de ce grand
peintre.

TÉNIERS (D'après).

42 Saint-Antoine en méditation dans sa grotte ; il
tient un livre placé sur ses genoux ; près de
lui, sur un morceau de roc, sont placés un

crucifix, une tête de mort et une cruche. D'un autre côté, sa tasse, et devant lui son bâton.

43 Près d'une table, sur laquelle est placé un réchaud, deux fumeurs écoutent la chanson d'un rustre, qui se verse ample rasade.

TÉNIERS (David, dit le vieux).

44 A l'extérieur d'une ferme, non loin du hameau, des villageois occupés de leurs troupeaux s'apprêtent à les conduire aux champs.

TÉNIERS (Abraham).

45 Portrait d'un fumeur; et pour pendant celui d'un buveur.

THIELEN (Van)..

46 Deux tableaux, représentant des fleurs placées dans des vases de marbre ayant la forme de de corbeilles.

VAN OLIS,

47 Jeune garçon causant avec une cuisinière occupée à ratisser des carottes posées sur un tonneau.

VERBOOMS (Abraham).

48 paysans sont arrêtés sur un chemin conduisant à une chaumière construite à l'entrée d'un bois. Une campagne boisée s'étend à gauche de la composition.

VLIET (Henry Van).

49 Intérieur d'un temple protestant, où l'on voit

trois personnes accompagnées d'un petit garçon.

VOS (Manière de Martin de).

50 Les apôtres saint Paul et saint Barnabé, ayant guéri un homme boiteux depuis sa naissance, sont regardés comme des dieux par les habitans de Lystres en Lycaonie; les prêtres païens veulent leur sacrifier.

W. (Avec le monogramme).

51 Paysage, où l'on voit le repos de la Sainte-Famille.

ZACHT-LEEVEN (Corneille).

52 Intérieur d'une chambre rustique, où le peintre a placé divers ustensiles de cuisine, des légumes et un canard. Dans le fond, un fumeur est assis près d'une cheminée.

Ecole Française.

BLANCHARD (Manière de).

53 L'Enfant Jésus, soutenu par saint Joseph, présente une rose à la vierge.

BOURDON (Sébastien).

54 Saint-André refusant de sacrifier aux idoles est au moment de son supplice; pour prix de sa persévérance, un ange, envoyé de Dieu, lui apporte la palme et la couronne de mar-

tyre. Les bourreaux, des soldats et des gens du peuple concourent à enrichir cette composition.

BOUTON.

55 Intérieur de l'entrée d'un monastère situé sur le bord de la mer. Un religieux fait secourir une jeune femme qui vient d'échapper à un naufrage.

CHAUVIN.

56 Dans une riante prairie des environs du Vésuve, un vieux pâtre, faisant paître son troupeau, se récrée de voir deux jeunes napolitaines danser au son de la mandoline et du tambour de basque.

COLOMBEL.

57 Persée délivrant Andromède.

COTELLE.

58 Deux tableaux : l'un repésente Salomon encensant une idole; l'autre l'ange et Tobie.

DEMARNE.

59 Assise sur un tertre de gazon, une jeune fille indique le chemin à un paysan monté sur un âne; près d'elle est son chien et une vache de la belle espèce. Le point de vue est terminé par une ligne de montagnes azurées qui se détachent sur un ciel chaud et bien nuagé.

60 Paysage enrichi de figures et de ruines d'antiques édifices. Ce tableau, de genre compo-

site, si l'on peut s'exprimer ainsi, est de l'époque où l'auteur montrait du penchant pour la peinture historique.

61 Deux paysages des premiers temps de ce maître. Ils se composent de cascades, fabriques, montagnes et quelques figures.

EISEN.

62 De jeunes enfans s'amusent à une mascarade et cherchent à parodier une scène de la cour de Louis XV.

ESCHARD.

63 Deux vues de fleuve, l'une au lever de la lune, l'autre au coucher du soleil. Ces marines, sur le devant desquelles on voit des pêcheurs dans des chaloupes, sont traitées dans le goût de Van Goyen.

GREUSE.

64 Deux têtes d'étude de jeunes filles.

GREUSE (d'après).

65 Deux petits gourmands se disputent la soupe que leur distribue la maman.

HOUEL,

66 Paysage avec figures. L'auteur qui avait fait de longues études en Italie, l'a enrichi de plusieurs monumens antiques.

HUET.

67 Un dogue de la plus forte espèce vient de se saisir d'un agneau; un second arrive lui

disputer sa proie. Des poules, des canards et
autres animaux effrayés de cette scène fuient
dans toutes les directions. Il serait difficile de
traiter ce genre avec plus de vérité.

LACROIX.

68 Vue de l'entrée d'un port de mer; effet de clair
de lune. On y remarque un pêcheur sur la
pointe d'une jetée et plusieurs personnes autour d'un feu allumé au pied du rempart.

LAFONTAINE.

69 Intérieur d'une église dont le point de vue est
pris au bas de la grande nef qu'on voit dans
toute sa longueur jusqu'au maître-autel. On
remarque aussi les chapelles latérales de
droite et quelques unes de la nef de gauche.
Les figures sont peintes par Demarne.

70 Latone s'étant reposée avec ses enfans sur le
bord d'un étang, demanda à des paysans un
peu d'eau pour se rafraîchir, Ils lui en refu-
sèrent et lui dirent des injures. Latone indi-
gnée, les métamorphosa en grenouilles.
Lagrénée a peint ce petit tableau dans le goût
de Pietre de Cortone.

LANCRET.

71 Portrait de Mezetin, célèbre bouffon de son
temps.

LANTARA.

72 Deux petits paysages avec ruines, fabriques, ri-
vières et figures.

LARGILLIERE.

73 Portrait d'homme portant un habillement rouge
brodé d'or.

MIGNARD (Pierre).

74 Portrait en buste de madame de Montespan.
Ouvrage de la plus belle exécution.

PIERRE.

75 L'amour soutenu par l'espérance et couronné
par un génie.

RIGAUD (Hyacinthe).

76 Portrait du grand Condé, vu à mi-corps en
en costume de guerrier.

ROBERT.

77 Vues des cascatelles de Tivoli.

78 La même vue dans de plus grandes proportions.
Ces deux tableaux sont de ceux que Robert
a exécutés avec plus de soin que de coutume.

SWEBACH.

79 Vue prise sur un grand chemin, devant une
porte conduisant à un bois. Une dame vêtue
en amazone adresse la parole à un garde
chasse ; à quelques pas, son laquais est monté
sur un cheval brun.

SWAGERS ET DEMAY (MM).

80 Vue prise dans l'intérieur d'une forêt. Un piéton cause avec un charretier.

VOUET (Aubin).

81 La Vierge, les mains jointes, contemple avec attendrissement l'enfant Jésus endormi sur un lit recouvert d'une draperie rouge.

***

Par et d'après différents Maîtres.

82 L'amour caressant sa mère, d'après Goltzius.

83 L'enfant Jésus, dans les bras de sa mère, se penche vers sainte Catherine d'Alexandrie, à qui il vient de remettre l'anneau nuptial.

84 L'amour et deux compagnons de son enfance se jouant dans des nuages. Ecole des Carraches.

85 Une leçon de chant donnée à des jeunes religieuses.

86 Deux tableaux représentant des bacchanales.

87 Repos de la sainte famille près d'un monument en ruines.

88 Pilote présentant le Christ au peuple. Tableau peint sur marbre blanc.

89 Portraits de quatre des otages donnés au géné-
ral Bonaparte pendant ses campagnes d'E-
gypte.

90 L'amour assis sur le dos d'un monstre marin
se promène sur les ondes.

91 Paysage indiquant l'entrée d'un village de
Flandre.

92 Deux vases de fleurs avec guirlandes, dans le
genre de Mario de Fiori.

93 Paysage, par un peintre moderne.

94 Paysage où l'on voit plusieurs habitations ados-
sées à un ancien château-fort tombé en
ruines.

95 Le massacre des Innnocens.

96 Un jeune religieux s'étant endormi à la suite
d'une lecture pieuse est visité par des
anges.

97 Une vieille femme, occupée à éplucher des carottes, fait l'aumône à un petit garçon conduisant un homme aveugle.

Signé KRAUSS.

98 Paysage avec fabriques et une rivière traversée
par un pont.

99 Le petit saint Jean-Baptiste prosterné devant
l'Enfant-Jésus.

100 Une annonciation : école d'Italie.

101 Paysage - marine dans le goût d'Asselyn. A gauche, les ruines des vieilles tours et les restes d'un ancien pont.

102 Deux têtes d'enfans exprimant la peine et le contentement. École génoise.

103 Buveur tenant le pot à bière. Pour pendant, une femme qui verse de la liqueur dans un vase.

104 Un religieux lisant dans la Bible.

105 Villageois dans l'intérieur d'une écurie. D'après Berchem.

106 La nativité. D'après Rubens.

107 Les objets omis au présent catalogue seront vendus sous ce numéro.

www.ingramcontent.com/pod-product-compliance
Lightning Source LLC
LaVergne TN
LVHW021502060726

842527LV00006B/2405